AF463250

RAPPORT

SUR LA

LOI RELATIVE

A LA

VENTE FORCÉE

POUR CAUSE

D'UTILITÉ PUBLIQUE,

Par M. A. CLAPARÈDE,
juge-assesseur,

Au nom de la commission nommée par le Conseil représentatif.

GENÈVE.

IMPRIMERIE A. L. VIGNIER, MAISON DE LA POSTE.

1834

Membres de la Commission :

MM. Le Fort, conseiller d'état.
Christiné, id. id.
Bellot, Professeur.
Céard.
De Constant.
Lafontaine.
Martin, procureur-général.
Panchaud.
Pictet-Baraban.
Rigaud-Constant.
Claparède (Ant.), *rapporteur*.

RAPPORT.

Messieurs,

Votre commission n'a point cru devoir s'arrêter à discuter ni à justifier la convenance d'admettre en principe un système d'expropriation pour cause d'utilité publique; la question ainsi posée lui a paru hors de doute : car si, d'un côté, chacun est convaincu que le respect pour la propriété est la base fondamentale de la société, d'un autre côté chacun reconnaît aussi que ce droit, tout sacré qu'il est, doit avoir ses limites. Or où sont-elles ces limites, sinon dans la loi première de l'intérêt public, loi devant laquelle les intérêts privés doivent nécessairement céder? Le législateur n'a pas seulement à protéger chaque propriété considérée isolément, mais la masse collective de toutes les propriétés; et si toutes doivent jouir également de la protection de la loi, il est évident que la loi peut imposer à chacune d'elles, envers toutes les autres, les concessions nécessaires pour que les droits de tous soient respectés. Déclarer que dans certaines circonstances le droit d'un seul doit céder aux droits de tous, ce n'est pas plus détruire l'inviolabilité de la propriété, que de permettre au propriétaire d'un champ enclavé, de prendre son chemin sur le champ de son voisin. Et se refuser à admettre une semblable disposition ne serait-ce pas réellement sacrifier les droits de tous au droit d'un seul?

Un autre principe non moins incontestable, c'est qu'une semblable cession ne doit pas avoir lieu sans compensation pour le propriétaire : forcé d'abandonner sa propriété, il doit en recevoir le prix.

Ces deux principes ont été admis dans toutes les législations; ils sont proclamés expressément dans le code civil qui nous régit. L'art. 545, après avoir établi que nul ne peut être contraint de céder sa propriété, si ce n'est *pour cause d'utilité publique*, ajoute que cette cession ne peut avoir lieu que moyennant une *juste et préalable indemnité*. Ce n'est donc point relativement à la proclamation des principes que le code offre une lacune, mais relativement au mode d'application. A cet égard, il se tait sur deux questions importantes :

1° Comment l'utilité publique sera-t-elle constatée?

2° Comment lorsque cette utilité sera reconnue et l'expropriation prononcée, se fixera l'indemnité due au propriétaire évincé?

Le législateur français a suppléé au silence du code civil par une loi de 1810 et une autre du 7 juillet 1833.

Voyons si pour Genève cette lacune est comblée.

La constitution de 1814, art. 7, § 7, tit. II, a décidé la première question. Loin d'imiter la loi française de 1810, qui avait attribué au pouvoir exécutif le droit de décider dans quel cas il y aurait utilité publique suffisante pour légitimer une vente forcée, l'article précité défère ce droit au pouvoir législatif seul. « Le conseil représentatif statuera « en dernier ressort sur les propriétés des particuliers dont « la vente forcée serait nécessaire pour la sûreté et la salu- « brité d'une rue, ou tout autre cas d'une utilité évidente « pour le public. »

Mais quelles formes suivre pour constater dans chaque cas particulier *l'utilité publique*, et pour la justifier pardevant le conseil représentatif, c'est ce que la constitution ne dit pas, c'est ce que la loi proposée a pour objet de décider.

Quant à la seconde question, la fixation de l'indemnité, la constitution n'est pas moins incomplète; elle se borne à dire que l'indemnité à accorder aux particuliers intéressés sera fixée par des experts. Du reste, aucune disposition relative à l'exécution de cette expertise, aucune autre ressource pour les cas où l'intervention des experts est inadmissible ou défectueuse. Aussi, jusqu'à présent l'article de la constitution n'a-t-il reçu aucune application ; le gouvernement manquait de moyens légaux pour le faire exécuter.

C'est donc à compléter la constitution sous ces deux rapports qu'est destiné le projet présenté par le conseil d'état, et modifié par votre commission. Les changemens que nous vous proposons, portent sur le mode d'arriver à la preuve de l'utilité publique, et principalement sur les formes introduites dans l'intérêt des propriétaires et des tiers ayant quelques droits sur les immeubles expropriés.

Le projet est divisé en six questions, dont nous allons indiquer rapidement les principales dispositions, avec les motifs des modifications apportées par votre commission.

L'art. 1 porte que la vente forcée d'immeubles pour cause d'utilité publique, ne pourra avoir lieu qu'en vertu d'une loi. Il n'appartient, en effet, qu'aux représentans de la nation de décider dans quel cas l'intérêt public est assez puissant, pour qu'un individu soit forcé de céder sa propriété. Cette disposition était déjà contenue dans le § 7, art. 7, t. II de la constitution.

Mais, quant à l'étendue de l'objet que la loi devra embrasser, votre commission avait à opter entre deux systèmes.

D'après le premier, la loi se bornerait à prononcer qu'il y a utilité publique à faire tel ou tel travail, et ce serait dès-lors à l'administration seule qu'il appartiendrait de déterminer quelles sont les propriétés dont l'acquisition doit être faite et l'expropriation prononcée.

Dans le second, la loi non-seulement prononcerait qu'il y a utilité publique à exécuter un certain travail, mais elle déciderait encore que pour cette exécution tels et tels immeubles, spécialement désignés, seraient acquis en tout ou en partie, soit amiablement, si les propriétaires y consentent, soit par voie d'expropriation, s'ils refusent.

En faveur du premier système, qui est celui de la loi française du 7 juillet 1833, on a fait valoir les raisons suivantes :

1° Il est souvent fort difficile de déterminer d'avance quelles sont les propriétés qui devront être acquises pour l'exécution d'un travail projeté. Ainsi, dans le cas où le Conseil représentatif aurait ordonné l'élargissement d'une rue, et prononcé d'une manière générale l'expropriation de toutes les maisons ou parties de maisons dont la démolition serait nécessaire à cet élargissement, l'administration serait mieux placée que lui pour les désigner, parce qu'elle se déterminerait, dans chaque cas particulier, non-seulement par les avantages d'alignement et de libre circulation, mais encore par le plus ou moins de vétusté des maisons, par la plus ou moins grande valeur que les propriétaires y attacheraient.

2° Les fonctions du Conseil représentatif doivent se borner, autant que possible, à la législation, et ne doivent pas s'étendre à l'administration; la majorité de ceux qui le composent ne saurait réunir toutes les connaissances spéciales et pratiques, nécessaires pour la direction des différentes branches de l'administration.

3° Dans un moment d'entraînement, et cédant à l'influence d'orateurs mus par un intérêt particulier, il pourrait, par un amendement, prononcer l'expropriation d'un autre immeuble que celui désigné par le Conseil d'Etat.

Les partisans de l'opinion contraire ont répondu :

1° Qu'en chargeant le Conseil représentatif de désigner spécialement les immeubles dont la vente forcée est jugée nécessaire, on obtient une double garantie, puisque la désignation n'en sera pas moins faite par le Conseil d'Etat, et que le Conseil représentatif ne pourra qu'approuver ou rejeter purement et simplement le projet de loi qui lui sera présenté. Il ne pourra point, par un simple amendement, prononcer l'expropriation d'un autre immeuble que celui qui aura été indiqué par l'administration, puisque, tant que le propriétaire n'a pas été légalement averti de présenter ses observations, les formalités qui doivent précéder l'expropriation ne sont pas remplies, et la vente ne peut être prononcée.

2° Quelque système que l'on adoptât, il faudrait toujours soumettre les plans au Conseil représentatif, puisqu'il est appelé à voter les sommes nécessaires à l'exécution du travail, et que la quotité de ces sommes dépend de l'adoption de tel ou tel plan.

3° Si le Conseil représentatif se contentait de prononcer l'utilité publique, sans désigner les immeubles qui doivent être vendus, le Conseil d'Etat n'oserait peut-être pas toujours faire lui-même cette désignation, dans la crainte d'être accusé d'avoir cédé à l'influence de tel ou tel propriétaire.

Ces différens motifs ont engagé votre commission à adopter le second système, celui, au reste, qui avait été proposé par le Conseil d'Etat et qui résulte de la constitution.—Ainsi, non-seulement la loi prononcera qu'il y a utilité publique à faire tel ou tel travail, mais encore elle désignera les immeubles qui devront être vendus, et les noms des propriétaires qui seront expropriés.

Ce n'est pas seulement dans l'intérêt de l'état que cette vente peut être prononcée, elle peut l'être aussi dans celui d'une ou plusieurs communes, d'après le principe que l'intérêt d'un seul doit céder devant celui du plus grand nombre. L'art. 3 du projet du Conseil d'Etat contenait implicitement une disposition semblable, mais nous avons pensé qu'il convenait de l'exprimer d'une manière plus précise dans les dispositions générales.

L'art. 2 étend l'expropriation aux immeubles appartenant à des communes ou à des établissemens publics; il n'y avait aucune raison pour les en affranchir.

L'art. 3 rappelle l'art. 545 du code civil, savoir, que le propriétaire évincé recevra une *pleine et préalable* indemnité. Le projet du Conseil d'Etat, non plus que la constitution, n'indiquait pas que l'indemnité devait être *préalable*; votre commission a cru devoir se rapprocher de la rédaction du code. L'indemnité étant toujours payée ou consignée avant la mise en possession de l'état, comme nous le verrons à la sect. III, on peut, en effet, soutenir que, d'après le projet, elle sera toujours préalable. Le premier projet portait que l'indemnité devait être *juste* et *pleine*; votre commission a trouvé que l'emploi de ces deux expressions était une espèce de pléonasme; toutes les fois que le propriétaire sera pleinement indemnisé, il le sera justement.

La section II a pour objet de fixer le mode par lequel on constatera qu'il y a réellement utilité publique, et qu'en conséquence la vente doit être prononcée. Comme nous l'avons déjà dit, cette espèce de contrainte imposée au propriétaire, ne peut l'être que par le corps législatif, qui ne prendra de décision que sur la demande du Conseil d'Etat. Celui-ci, avant d'exercer son initiative, devra s'entourer de tous les renseignemens propres à constater l'utilité publique et à éclairer le corps chargé de prononcer à cet égard. Il devra se faire présenter, non-seulement le plan des travaux projetés, et la désignation claire et précise des immeubles dont l'acquisition est jugée nécessaire, mais encore toutes les observations et réclamations des parties intéressées. Celles-ci seront averties par la Feuille d'Avis, et par un exploit d'huissier à leur domicile, que le Conseil d'Etat se propose de poursuivre l'expropriation de leur immeuble, qu'elles peuvent prendre communication de toutes les pièces tendant à établir le fait d'utilité publique, et qu'elles ont un délai qui ne peut être moindre de 15 jours, pour présenter leurs observations et réclamations aux commissaires nommés ad hoc par le Conseil d'Etat. (Art. 1, 4, 6 et 7.)

Vous remarquerez, Messieurs, les changemens suivans apportés au premier projet :

1° Une désignation plus complète des immeubles et des propriétaires expropriés. L'administration devra faire lever le plan parcellaire des terrains et bâtimens dont la cession lui paraît nécessaire, avec indication des numéros du cadastre et le nom des propriétaires inscrits sur la matrice des rôles, ce qui permettra de les avertir individuellement sans en oublier aucun.

2° Ces propriétaires auront au moins 15 jours pour examiner la demande qui leur est faite et présenter leurs observations. Dans le premier projet, aucun minimum de délai ne leur était accordé.

3° Ils pourront s'adresser, même oralement, aux commissaires du Conseil d'Etat, ou se faire représenter par des chargés de pouvoirs, sans être obligés de recourir à des mémoires écrits. Ceux qui se défieront de leurs moyens pourront toujours se faire assister d'un conseil ou avocat. Cette faculté existant de droit, votre commission a pensé qu'il n'était pas nécessaire de l'introduire en termes exprès dans la loi.

Après avoir entendu le rapport de ses commissaires, et après avoir pris connaissance des mémoires et autres pièces remises par les parties intéressées, le Conseil d'Etat formera son préavis définitif; et s'il persiste à estimer utile l'acquisition dont il s'agit, il présentera au Conseil représentatif un projet de loi tendant à déclarer l'utilité publique, et à prononcer en conséquence la vente forcée des immeubles qui y seront désignés. Celui-ci, avant de statuer définitivement, renverra le projet à l'examen d'une commission, et il aura ainsi tous les élémens nécessaires pour apprécier la convenance de l'accepter ou de le rejeter, et pour peser les réclamations qui auront été faites. (Art. 8 et 9.)

Après que le Conseil représentatif a reconnu l'utilité publique, et a décrété la vente, il reste à déterminer le prix qui sera alloué au propriétaire évincé, et à le délivrer à qui de droit; c'est l'objet de la Sect. III.

La constitution faisait évaluer cette indemnité par deux experts assermentés, nommés l'un par le propriétaire, l'autre par le Conseil d'Etat, et au besoin par un tiers expert, choisi par les experts des deux parties. Ce mode de nomination est essentiellement vicieux; chaque expert croyant devoir embrasser aveuglément les intérêts de la partie qui l'a nommé, ils se réunissent moins pour s'éclairer que pour constater l'opposition de leur avis, en sorte qu'en dernier résultat, c'est le tiers-expert seul qui décide; or il est évident qu'une semblable décision ne donne ni à l'état ni aux propriétaires les garanties suffisantes pour la fixation d'une pleine indemnité.

Je ne rappellerai pas les inconvéniens qu'il y aurait à faire évaluer cette indemnité, soit par l'administration, soit par le Conseil représentatif. Ils vous ont déjà été présentés clairement dans le rapport du Conseil d'Etat.

Votre commission a été unanime à reconnaître que l'autorité judiciaire, par son indépendance et la nature de ses fonctions, était mieux placée que toute autre, pour fixer le véritable prix d'une vente forcée, de manière à ménager également les intérêts de l'état et ceux des particuliers.

La loi ne saurait déterminer d'une manière précise tous les documens à l'aide desquels le tribunal arrivera à cette évaluation ; elle doit se contenter de lui indiquer les sources principales où il pourra puiser des élémens de conviction, tels sont les titres de vente, les baux, les rapports d'experts, etc., qui éclairent le juge sans le lier (art. 19). Mais il ne devra avoir aucun égard aux plantations, constructions et améliorations, qui paraitraient évidemment n'avoir été faites que dans le seul but d'obtenir une indemnité plus élevée (art. 21). Celles qui auraient été faites après la notification du Conseil d'Etat (art. 14 et 15), seront en général réputées n'avoir eu d'autre but, si la nécessité n'en est justifiée.

L'intervention du tribunal n'est pas exigée dans tous les cas. Si le propriétaire, obligé de céder sa propriété pour cause d'utilité publique, accepte l'offre qui lui est faite par l'administration, il n'est point nécessaire de recourir à un jugement. Les règlemens amiables, évitant tout à la fois des frais et des lenteurs, on ne doit pas exiger des formalités, qui sont toujours onéreuses si elles ne sont par nécessaires. Cependant, il a fallu accorder aux créanciers, ayant une hypothèque sur l'immeuble vendu, le droit de contredire cette acceptation, et de demander l'évaluation par le tribunal. Dans les ventes ordinaires, il est de principe, que tout créancier hypothécaire, qui n'a pas concouru à la fixation du prix de l'immeuble sur lequel repose son hypothèque, puisse surenchérir ; ici la nature même des choses s'oppose à l'exercice d'un droit de cette espèce, attendu que si par la surenchère un autre que l'état devenait propriétaire, le but de la loi ne serait pas rempli. Ce droit, en conséquence, a dû leur être complètement refusé; ils pourront seulement demander, dans tous les cas, que la valeur de l'immeuble soit fixée par jugement (art. 16 et 17).

L'indemnité une fois fixée, soit par jugement, soit amiablement entre les parties, il reste à faire le paiement, en ménageant les droits, non-seulement, des propriétaires, mais encore de toutes les parties intéressées : c'est dans cette partie de la loi, que votre commission a cru devoir introduire le plus de notables changemens, dans le but d'accélérer et de simplifier la procédure.

Voici les principales dispositions que nous vous proposons :

Dès que la vente sera prononcée par le Conseil représentatif, le président du tribunal civil désignera entre les membres du tribunal, un juge-commissaire, aux fins de recevoir les offres, acceptations, productions et oppositions sur le prix, et de procéder à l'ordre entre les créanciers. La partie poursuivante, en faisant connaître aux parties intéressées la loi qui a ordonné l'aliénation et la nomination du juge commissaire, devra leur indiquer la somme offerte pour indemnité, et les sommer de produire leurs titres et leur demande en collocation entre les mains du juge-commissaire, afin que les parties intéressées soient toutes averties; la loi exige : 1° Une notification par exploit au propriétaire des immeubles, à leurs créanciers inscrits et à tous ceux qui se seront fait connaître aux commissaires du Conseil d'Etat;

2° L'affiche à la porte de la mairie du lieu de la situation des immeubles;

3° L'insertion dans la Feuille d'Avis, de la sommation à tous ceux qui prétendraient à quelque droit de propriété, usufruits, servitude, bail ou autre, sur les immeubles expropriés, de se présenter devant le juge-commissaire, dans le délai de 15 jours. (Art. 12, 13, 14 et 15).

Après ce délai expiré, il pourra s'offrir trois cas différens qui pourront donner lieu à trois solutions différentes:

1° Si l'indemnité offerte par l'état ou la commune poursuivante, est acceptée par le propriétaire, sans qu'il y ait d'opposition ou de demande en collocation, le juge-commissaire ordonnera immédiatement la remise du prix au propriétaire. (Art. 16).

2° Si l'offre est acceptée, mais qu'il y ait des demandes en collocation, le juge ordonnera la consignation et procédera à la distribution d'après les formes tracées par la loi de procédure. (Art. 17).

3° Si l'offre n'est pas acceptée, il renverra les parties pardevant le tribunal pour la fixation de l'indemnité. Puis il procédera à l'ordre préparatoire, au moyen des pièces qui lui auront été rendues, et à la clôture de l'ordre, dès que l'indemnité aura été fixée. (Art. 18, 23 et 24).

Quant aux locataires et fermiers de l'immeuble exproprié, ainsi que ceux qui prétendraient à quelque droit de servitude sur le dit immeuble, leur jouissance cessera par le fait de la vente forcée, et ils ne pourront point en arrêter le cours. (Art. 11).

Mais quoique l'immeuble se trouve dès lors affranchi du droit qui le grevait, ce droit peut s'exercer sur le prix, ou comme le dit le même article, *il est transporté sur le prix.* Une semblable disposition ne suffirait cependant pas pour la garantie de tous les droits réels autres que l'hypothèque; car si, par exemple, la somme des créances hypothécaires surpassait la valeur de l'indemnité, le juge ne pourrait colloquer en degré utile ceux qui ont un de ces droits à revendiquer, et dès lors ils se trouveraient complètement forclos. Aussi votre commission a-t-elle pensé qu'il était plus juste que le tribunal fixât séparément: 1° l'indemnité due au propriétaire ; 2° celle due aux fermiers ou locataires; 3° Celle qui pourrait être due aux propriétaires des fonds, ayant une servitude sur l'immeuble ; de sorte que les créanciers ne pussent exercer aucun droit sur ces deux dernières parties de l'indemnité. (Art. 20).

Telles sont les dispositions que votre commission a cru devoir adopter pour la conservation des droits des tiers sur les immeubles expropriés; elles diffèrent à quelques égards de celles présentées dans le projet du Conseil d'Etat, et nous paraissent offrir les avantages suivans:

1° La nomination d'un juge-commissaire, pour recevoir, les offres et acceptations des parties, permet à celles-ci de communiquer entre elles autrement que par des exploits d'huissier, et, par conséquent, facilite les règlemens amiables.

2° Le juge-commissaire, dressant son ordre préparatoire entre les créanciers dès les quinze jours après la sommation de produire leurs titres, pourra distribuer entre eux l'indemnité, sitôt qu'elle sera fixée, tandis que le premier projet, ne faisant ouvrir l'ordre qu'après la fixation de l'indemnité, prolongeait inutilement le temps de la consignation, ce qui, sans profiter à l'état, pouvait nuire au propriétaire et aux créanciers auxquels la caisse des consignations ne paierait qu'un intérêt minime.

3° En faisant fixer séparément l'indemnité due aux tiers autres que les créanciers, le projet actuel les met à l'abri d'être primés par ces derniers; il garantit plus efficacement leurs droits.

La section IV traite de la mise en possession.

Lorsque l'indemnité aura été payée, l'état ou la commune pourra prendre immédiatement possession des immeubles dont le Conseil représentatif aura prononcé la vente forcée.

Cette disposition est conforme à l'art. 545 du code; on ne peut être contraint de céder sa propriété que moyennant une *préalable* indemnité. Mais dans le cas où les parties intéressées ne pourraient pas ou ne voudraient pas recevoir le prix réglé à l'amiable ou fixé par le tribunal, la loi ne devait pas obliger la partie poursuivante à attendre, pour se mettre en possession, la fin de contestations auxquelles elle doit rester étrangère. Dans ce cas, la consignation est considérée comme un véritable paiement, et l'état ayant satisfait à ses obligations, peut se mettre en possession des terrains expropriés. (Art. 25.)

La loi a dû prévoir encore le cas où le gouvernement aurait besoin de prendre possession d'un terrain immédiatement et sans attendre les formalités nécessaires pour arriver au règlement de l'indemnité. Dans tous les cas où l'urgence serait reconnue par le Conseil d'Etat, il pourra ordonner la prise de possession immédiate, avant que l'indemnité ait été définitivement fixée par le tribunal : mais ce ne sera qu'après que le Conseil représentatif aura prononcé l'utilité publique et l'expropriation, qu'après que la loi aura été notifiée au propriétaire et à la charge de consigner la somme qui aura été provisoirement arbitrée par le tribunal, somme qui ne pourra jamais être inférieure à celle offerte. Ainsi, encore dans ce cas, on peut dire que le propriétaire évincé est *préalablement* indemnisé, car le prix provisoirement arbitré ne variera jamais que dans d'étroites limites, de celui qui sera ultérieurement fixé. (Art. 26.)

La mise en possession de l'état ou de la commune sera opérée et constatée par le greffier du tribunal civil dans les formes tracées par la loi de procédure, au titre *du délaissement forcé.*

Ces formalités étant remplies, l'expropriation se trouve entièrement consommée.

Les pièces qui constatent la propriété de l'état ou de la commune sont les suivantes:

1° La loi prononçant l'expropriation. (Art. 10.)

2° Le jugement du tribunal ou l'ordonnance du juge qui fixe ou qui constate l'indemnité. (Art. 16, 17 et 20.)

3° Le procès-verbal du greffier constatant la mise en possession. (Art. 27.)

Ces trois pièces doivent être transcrites sur les registres du bureau des hypothèques comme actes translatifs de propriété immobilière, et contenant par leur ensemble les élémens de la vente faite à l'état ou à la commune. (Art. 10 et 28.)

Dispositions particulières aux routes.

La loi du 25 mars 1816, qui fixe la largeur à donner aux routes cantonales et communales, a prononcé d'avance la dépossession de tous les terrains nécessaires à l'élargissement des routes, sans qu'il soit besoin de la faire prononcer pour chaque cas par le Conseil représentatif. En déclarant qu'il y a utilité publique à ce que les routes cantonales aient 21 pieds et les routes communales 16 pieds en maximum, il a, par cela même, décidé que les propriétaires riverains étaient forcés de céder leur propriété pour procurer cette largeur, et il s'en est rapporté à l'administration pour la désignation des terrains qui devaient être expropriés. Cette faculté accordée au Conseil d'Etat, a peu d'inconvéniens quand il s'agit de propriétés non bâties, mais elle pourrait en présenter de très-grands pour les propriétés bâties. Votre commission a donc pensé qu'il convenait de faire une distinction, et que si le Conseil d'Etat pouvait de lui-même prononcer l'expropriation de terrains pour l'élargissement d'une route, il avait besoin d'une nouvelle autorisation du Conseil représentatif toutes les fois qu'il s'agit d'une propriété non bâtie.

Cette disposition est une dérogation à la loi du 25 mars 1816, et comme elle ne se trouvait pas dans le projet primitif, votre commission a dû la soumettre au Conseil d'Etat qui lui a donné son approbation.

La fixation de l'indemnité se fera comme nous l'avons vu à la section III.

La section VI a pour objet de dispenser des droits de timbre, d'enregistrement et de transcription tous les actes faits en vertu de la présente loi. Si l'acquisition est faite par l'état, l'acquittement de ces divers droits ne serait qu'un paiement qu'il se ferait à lui-même. Si elle est faite par une commune, la cause d'utilité publique est un motif suffisant pour prononcer cette dispense. Le Conseil représentatif en a reconnu la convenance dans les divers achats des communes auxquels il a accordé son autorisation.

Enfin l'art. 31 qui termine le projet, abroge les dernières lignes du § 7, art. 7, t. II de la constitution; il est la conséquence de l'art. 18 qui charge le tribunal civil de fixer l'indemnité due au propriétaire évincé. Cette abrogation constitutionnelle devra être votée par vous aux deux tiers des suffrages.

Tels sont, Messieurs, les changemens que votre commission a cru devoir faire au projet du Conseil d'Etat. Son intention, en vous les proposant, a été de simplifier et d'abréger les formalités, sans diminuer, toutefois, aucune des garanties dues à la propriété.

Votre délibération et vos votes nous apprendront si ce but a été atteint.

PROJET DE LOI

SUR LA

VENTE FORCÉE

POUR CAUSE D'UTILITÉ PUBLIQUE,

Avec les modifications proposées par la commission du Conseil représentatif.

SECTION I.

Dispositions générales.

Art. 1. La vente forcée d'immeubles pour cause d'utilité publique, n'aura lieu qu'en vertu d'une loi. (1)

Elle peut s'opérer :

1° dans l'intérêt de l'état,

2° dans celui d'une ou plusieurs communes.

Art. 2. Les immeubles appartenant à des communes ou à des établissemens publics, peuvent en être l'objet comme ceux appartenant à des particuliers.

Art. 3. La vente forcée sera toujours faite moyennant une pleine et préalable indemnité.

(1) Constit. tit. II, art. 7, § 7.

SECTION II.

Du mode de constater et de déclarer l'utilité publique et de prononcer la vente.

Art. 4. Lorsque le conseil d'état estimera que l'acquisition de biens immeubles est utile soit à l'état, soit à une ou plusieurs communes, il fera dresser les plans des travaux projetés, et procéder aux enquêtes et rapports propres à constater l'utilité publique.

Il fera lever le plan parcellaire des terrains et bâtimens dont la cession lui paraît nécessaire, avec indication des numéros du cadastre et la désignation des propriétaires tels qu'ils sont inscrits sur la matrice des rôles.

Art. 5. S'il s'agit d'un intérêt communal, le conseil municipal de chaque commune intéressée devra donner son préavis, et indiquer les moyens qui pourront assurer le paiement de l'indemnité.

Art. 6. Le conseil d'état nommera un ou plusieurs commissaires pour recevoir, tant oralement que par écrit, les observations et réclamations des parties intéressées, et pour en dresser procès-verbal.

Art. 7. Il sera fait sommation aux parties intéressées de prendre communication de toutes les pièces tendant à établir le fait de l'utilité publique (art. 4 et 5).

La sommation indiquera :

1° le lieu du dépôt,

2° les commissaires nommés,

3° le terme fixé pour prendre communication et fournir ler observations ou réclamations.

La sommation sera notifiée par exploit d'huissier aux propriétaires inscrits sur la matrice des rôles, et, par la *Feuille d'Avis,* à toutes autres parties intéressées.

La sommation devra être insérée dans la Feuille d'Avis deux fois au moins à une semaine de distance.

Le terme de la communication ne pourra être moindre de deux semaines à partir de la dernière insertion dans la Feuille d'Avis.

Art. 8. Le terme expiré, le procès-verbal des commissaires, ainsi que tous mémoires ou autres pièces remises par les parties intéressées, seront transmis au Conseil d'Etat.

Art. 9. Si ce Conseil persiste à estimer utile l'acquisition des immeubles dont il s'agit, il présentera au Conseil représentatif un projet de loi tendant à déclarer l'utilité publique et à prononcer en conséquence la vente forcée des immeubles qui y seront désignés.

Le projet sera nécessairement renvoyé à l'examen d'une commission.

Art. 10. Si le Conseil représentatif adopte la proposition, déclare l'utilité et prononce la vente, la loi, dans les deux semaines de sa promulgation, sera transcrite sur les registres de la conservation des hypothèques, et transmise au président du tribunal civil.

Art. 11. La vente ne pourra être arrêtée, ni son effet empêché, par aucune demande en surenchère, aucune action en résolution ou revendication, ou autre action réelle.

Le droit prétendu sera transporté sur le prix, et l'immeuble en sera affranchi.

SECTION III.

Du règlement et du paiement de l'indemnité.

Art. 12. Dans les trois jours de la réception de la loi, le président du tribunal civil désignera, entre les membres du tribunal, un juge-commissaire, aux fins de recevoir les offres, acceptations, productions et oppositions sur le prix, et de procéder à l'ordre.

Art. 13. La loi et la nomination du juge-commissaire seront notifiés : 1° aux propriétaires des immeubles, 2° à leurs créanciers inscrits, 3° à toutes autres parties intéressées qui se seront fait connaître sur le procès-verbal dressé en exécution de l'art. 6.

Cette notification sera faite à la poursuite et diligence,

1° de la Chambre des comptes, s'il s'agit de l'état;

2° du maire, s'il s'agit d'une commune;

3° du Conseil municipal, s'il s'agit de la ville de Genève.

Art. 14. L'exploit de notification contiendra :

1° la somme que le Conseil d'Etat ou la commune offrira pour indemnité;

2° la sommation de s'expliquer sur cette offre;

3° celle de produire leurs titres et leur demande en collocation en mains du juge-commissaire dans le délai de deux semaines, à peine de forclusion.

Art. 15. Le même exploit contiendra semblable sommation, sans désignation nominale, à tous ceux qui prétendraient sur l'immeuble quelque droit de propriété, usufruit, servitude, bail, privilége, hypothèque ou autre.

Copie de cet exploit sera remise au procureur-général. Il sera affiché à la porte de la mairie du lieu de la situation des immeubles expropriés.

Extrait de cet exploit sera en outre inséré dans la Feuille d'Avis, deux fois au moins, à une semaine de distance.

Le délai ci-dessus de deux semaines ne courra qu'à dater de la seconde insertion.

Art. 16. Le délai expiré, si l'offre est acceptée par tous les propriétaires, et s'il n'y a aucune opposition, le juge-commissaire ordonnera le paiement du prix en leurs mains.

Art. 17. Si l'offre est acceptée par toutes les parties intéressées, mais s'il y a des oppositions ou demandes en collocation sur le prix, le juge-commissaire en ordonnera la consignation, et il procédera à sa distribution conformément aux dispositions des sections deuxième et suivantes du titre XXX de la loi sur la procédure civile.

Art. 18. Si l'offre n'est pas acceptée, et si l'indemnité n'a pu être réglée à l'amiable, le juge-commissaire renverra les parties à l'audience qu'il leur fixera, pour ladite indemnité être fixée par le tribunal civil.

Art. 19. Le tribunal ordonnera un rapport d'experts; il pourra s'éclairer en outre par les titres de vente, les baux et tous autres documens produits par les parties, ou dont il ordonnera l'apport.

Art. 20. Le tribunal fixera séparément,

1° L'indemnité due aux propriétaires de l'immeuble,

2° Celle qui pourrait être due aux fermiers et locataires,

3° Celle qui pourrait l'être aux propriétaires des fonds ayant une servitude sur l'immeuble.

Art. 21. Les constructions, plantations et améliorations ne seront pas comprises dans l'indemnité, lorsque, à raison de l'époque où elles auront été faites, ou de toutes autres circonstances, le tribunal reconnaîtra qu'elles ont été faites dans la vue d'obtenir une indemnité plus élevée.

Art. 22. Il sera procédé devant le tribunal conformément à la loi sur la procédure civile, sauf:

1° que le rapport des experts sera toujours fait par écrit;

2° que le délai d'appel sera restreint à deux semaines dès la signification du jugement réglant l'indemnité.

Art. 23. Le montant de l'indemnité sera versé à la caisse

des consignations dans les deux semaines à partir du jour où le jugement aura acquis force de chose jugée.

Art. 24. La consignation effectuée, le juge-commissaire procédera à la clôture de l'ordre pour parvenir à la délivrance des deniers consignés, dans les formes et les délais prescrits par la loi sur la procédure civile.

SECTION IV.

De la mise en possession.

Art. 25. Lorsque l'indemnité aura été payée ou consignée (art. 16, 17 et 26), l'état ou la commune pourra prendre immédiatement possession des terrains ou bâtimens dont le conseil représentatif aura prononcé la vente forcée.

Art. 26. Dans les cas où il y aurait urgence, le conseil d'état pourra ordonner que la prise de possession ait lieu immédiatement après la notification mentionnée en l'art. 13, et à la charge de consigner la somme qui sera provisoirement arbitrée pour l'indemnité par le tribunal civil, les parties intéressées entendues ou appelées. Ladite somme ne pourra jamais être inférieure à celle offerte.

Le jugement, qui fixera provisoirement l'indemnité, ne sera susceptible ni d'opposition ni d'appel.

Art. 27. La mise en possession sera opérée et constatée par le greffier du tribunal civil dans les formes tracées au tit. XXXII, sect. 2 de la loi sur la procédure civile.

Art. 28. Le procès-verbal de mise en possession, ainsi que le jugement du tribunal ou l'ordonnance du juge-commissaire fixant le montant de l'indemnité (art. 17, 18 et 20), seront transcrits au bureau de la conservation des hypothèques, à la diligence du greffier du tribunal civil dans les deux semaines de leur date respective.

SECTION V.

Dispositions particulières aux routes.

Art. 29. Les dispositions des art. 4 à 8 de la section 2me et celles des sections 3 et 4 seront applicables aux cessions de terrain qui seront prononcées par le Conseil d'Etat pour l'élargissement des routes cantonales ou communales, en vertu de l'art. 20 de la loi du 25 mars 1816.

La cession portant sur des bâtimens ne pourra être prononcée que par une loi et dans les formes tracées par la présente.

SECTION VI.

Dispense des droits de timbre, d'enregistrement et de transcription.

Art. 30. Les exploits, ordonnances, jugemens et procès-verbaux mentionnés dans la présente loi, seront exemptés des droits de timbre et de transcription.

Ceux des dits actes qui seraient soumis à l'enregistrement, seront enregistrés gratis.

Clause abrogatoire.

Art. 31. Sont abrogées les dernières lignes du § 7, art. 7, tit. II de la constitution ainsi conçues :

« Après avoir eu un rapport d'experts assermentés, nom-
« més par ceux-ci et le Conseil d'Etat, et, au besoin, par un
« tiers-expert choisi par les experts des deux parties. »

NB. Cet article a été adopté en Conseil d'Etat, à la pluralité des deux tiers des suffrages, il devra être voté, à la même majorité, dans le Conseil représentatif.

Genève.—Imprimerie A. L. Vignier.

www.ingramcontent.com/pod-product-compliance
Ingram Content Group UK Ltd.
Pitfield, Milton Keynes, MK11 3LW, UK
UKHW020231180726
13838UKWH00005B/2312